Dorothée Bleker

Du weißt gar nicht,
wie lieb
ich dich hab

für ....

von ....

Ich hab dich sooo lieb –

du weißt gar nicht,
wie sehr...

Wenn ich von dir
zu träumen anfange,
vergesse ich die Welt
um mich herum.

Ich hab dich sooo lieb –

von der
Nasen-
spitze
bis zu
den Zehen
und wieder
zurück.

Für dich würde ich
bis ans Ende der Welt
gehen.

Ich hab dich sooo lieb,

dass ich dich manchmal
ganz fest drücken
muss, um zu wissen,
ob du wirklich
echt bist.

Ich würde mich jederzeit
mit dir raufen –
nur weil es so schön ist,

sich wieder
mit dir
zu vertragen!

Ich hab dich sooo lieb,

dass ich es
einfach nicht
aushalte,
wenn du
sauer
auf mich
bist.

Wenn ich an dich denke,
fällt es mir schwer,
einen
kühlen Kopf
zu bewahren.

Ich hab dich
sooo lieb,
dass ich
wahnsinnig stolz
auf dich bin,
wenn dir alle
hinterherschauen.

Wenn du lächelst,
wenn ich
deine Stimme höre
oder deinen Duft
in der Nase habe –
dann bin ich
wunschlos glücklich.

Ich hab dich sooo lieb,

ich könnte auf der Stelle
umkehren, wenn du
mir zum Abschied
winkst.

Wenn ich dir eigentlich
die Meinung sagen will,
machst du mich
immer wieder schwach.

Ich hab dich sooo lieb,

dass ich überall
nach dir suche, wenn du
länger nicht da bist.

Wenn ich etwas
vergessen habe,
was dir total wichtig ist,
könnte ich mir jedes Mal
irgendwo hinbeißen.

Für dich würde ich
jederzeit

Kopf
und Kragen
riskieren.

Ich hab dich sooo lieb,

dass ich deine
Wärmflasche
sein möchte,
wenn du frierst.

Oft brauchst du mich
nur anzusehen –
und ich weiß genau,
was du denkst.

Ich hab dich sooo lieb,

dass ich mich
wahnsinnig freue,
wenn ich mich auf den Weg
machen kann –
zu dir.

Wenn ich dich
wiedersehe,
könnte ich jedes Mal
vor lauter Freude
ein Tänzchen
aufführen.

Ich hab dich sooo lieb,

weil du so bist,
wie du bist.

An deiner Seite
scheint für mich
überall
die Sonne!

Ich hab dich sooo lieb,

dass ich
die ganze Welt
umarmen könnte,
nur weil es
dich gibt.

Weißt du jetzt,
wie lieb ich dich hab?

77 Jahre Groh

unsere Bestseller:

Was ich dir wünsche
(ISBN 3-89008-560-1)

Für Katzenfreunde
(ISBN 3-89008-440-0)

Für Hundefreunde
(ISBN 3-89008-439-7)

Saugute Wünsche für dich
(ISBN 3-89008-491-5)

Einfach mal abhängen
(ISBN 3-89008-809-0)

Was ich dir von Herzen wünsche
(ISBN 3-89008-574-1)

Ich liebe dich
(ISBN 3-89008-584-9)

Glücksrezepte für jeden Tag
(ISBN 3-89008-390-0)

Don't worry, be happy
(ISBN 3-89008-487-7)

I love you
(ISBN 3-89008-427-3)

Liebe heißt Leben
(ISBN 3-89008-853-8)

Bildnachweis:

Titel, Rückseite, S. 1, 12, 13, 35, 46 u. 47:
© Steve Bloom / stevebloom.com;
S. 2 u. 3: Ernest Manewal / Alaska Stock / SAVE;
S. 4, 5, 14, 15, 24, 25, 27, 42 u. 43: Uwe Walz;
S. 6 u. 7: Zefa / T. Allofs;
S. 8 u. 9: Minden / Frans Lanting / Premium;
S. 11: Zefa / J. Warden;
S. 17: Arco Images / P. Henry;
S. 18 u. 19: Zefa / G. Baden;
S. 20 u. 21: Gary Schultz / Alaska Stock / SAVE;
S. 23, 36 u. 37: IFA-Bilderteam / AP&F;
S. 29: Manfred Mothes / f1 online;
S. 30 u. 31: Juniors Bildarchiv / R. Holzapfel;
S. 32, 33 u. 41: Tom Soucek / Alaska Stock / SAVE;
S. 39 Okapia München / NAS / Dan Guravich;
S. 44 u. 45: Mark Newman / Alaska Stock / SAVE.

Idee und Konzept: Groh Verlag.

ISBN 3-89008-310-2
© 2005 Groh Verlag GmbH & Co. KG
www.groh.de